LA CUISINE DE MON BISTROT

CYRIL LIGNAC

Le Chardenoux
DEPUIS 1908

LA CUISINE DE MON BISTROT

CYRIL LIGNAC

Photographies de Thomas Dhellemmes
Stylisme de Garlone Bardel

hachette
PRATIQUE

VERMOUTH

Maison Chardenoux

SOMMAIRE

L'EQUIPE
LA MARQUE DES CHAMPIONS

INTRODUCTION

LE CHARDENOUX
HISTOIRE D'UN AUTHENTIQUE BISTROT PARISIEN

Inscrit aux Monuments Historiques, le Chardenoux fait véritablement partie de l'histoire gastronomique de Paris. Créé en 1908 par une famille originaire de Lozère, le bistrot se choisit un emplacement typiquement parisien, dans le 11e arrondissement, au numéro 1 de la rue Jules-Vallès. Dès son ouverture, le Chardenoux devient une table renommée où les habitants du quartier et les maraîchers de Montreuil font étape avant de distribuer leurs fruits et légumes sur les étals du marché. Ils s'y arrêtent également au retour pour y prendre l'apéritif et manger des œufs à même le comptoir.

Le succès de ce bistrot conduit la famille Chardenoux à s'étendre dans d'autres secteurs d'activités, tels que celui de la commercialisation de limonades ; la famille ouvre également sa propre usine de savons fabriqués à partir de sable fin et blanc. Utilisé pour nettoyer les comptoirs des bistrots, ce savon minéral appelé Chardonneret est rapidement distribué dans la plupart des bistrots de Paris, véhiculant ainsi à travers la capitale le nom fameux du bistrot Chardenoux.

Aujourd'hui encore, entrer au Chardenoux, c'est faire un voyage hors du temps, se plonger dans une ambiance du début du XXe siècle. La salle a en effet conservé tout son style art déco, avec ses murs habillés de miroirs, ses boiseries qui séparent le bar de l'arrière-salle, des verres gravés qui ornementent les vitrines extérieures. À l'entrée, le comptoir présente un travail prodigieux de marqueterie de marbre qui surprend les clients ; quatorze variétés différentes de marbre y sont ainsi savamment assemblées en panneaux chantournés. Réquisitionné par les Allemands pendant la Guerre pour fabriquer des munitions, le comptoir en étain ciselé conserve son caractère authentique.

CYRIL LIGNAC ET LE CHARDENOUX HISTOIRE D'UN COUP DE CŒUR

« C'est ici. C'est ce bistrot. »

« J'ai longtemps cherché un lieu où je pourrais écrire la suite de mon histoire, un lieu d'ancrage. En poussant la porte du Chardenoux, j'ai su que j'avais trouvé ce que je recherchais. J'ai été séduit au premier coup d'œil par le décor exceptionnel, mais c'est surtout l'atmosphère et la vie qui s'en dégageaient qui m'ont conquis.

Après l'ouverture de mon restaurant gastronomique le Quinzième, j'ai eu une envie profonde et sincère de revenir aux origines de ma vocation, de redécouvrir le plaisir d'une cuisine plus traditionnelle, presque familiale.
Je désirais un lieu où l'on aime à se retrouver, entre amis, pour partager de bons moments confortablement assis sur des banquettes faisant face à de longues tablées drapées.

La cuisine que j'aime proposer au Chardenoux est avant tout une cuisine sincère et authentique, celle du produit pour le produit.
À ma façon, je souhaite faire revivre des recettes anciennes, parfois oubliées, comme ces girolles cuisinées aux noisettes ou bien cet os à moelle accompagné de sa côte de bœuf que l'on déguste à la cuillère...
Les produits sont issus de nos régions, choisis chez nos meilleurs producteurs et artisans, selon leurs saisonnalités.
Pour accompagner ces plats simples et généreux, je sélectionne des vins de caractère aux forts accents régionaux.

J'aime que tous ceux qui franchissent la porte du Chardenoux prennent du plaisir, ce plaisir de la table que je défends. Chaque invité doit se sentir chez lui, un peu comme un ami qui serait venu nous rendre visite sans prévenir. Marie-Laure, la maîtresse de maison, est là pour accueillir les clients avec son large sourire et sa gentillesse. La terrine généreuse, avec son pain de campagne, présentée sur la nappe immaculée, donne le ton pour le reste du repas. Les madeleines moelleuses, sorties toutes chaudes du four pour accompagner le café, résument à elles seules l'esprit de générosité que je veux offrir au Chardenoux.

Il y a parfois des rencontres dans la vie qui nous font grandir, Le Chardenoux fait partie de celles-ci.
Mes racines, mes souvenirs d'enfance, font de ce bistrot un lieu de mémoire et de vie... »

ENTRÉES

Temps de préparation : 30 min – Temps de cuisson : 40 min – Temps de repos : 1 h – Pour 4 personnes

Pour le velouté
400 g de châtaignes cuites
1 oignon blanc
1 l de crème liquide
20 cl de lait
1 noix de beurre
Sel, poivre du moulin

Pour la crème au lard
2 échalotes
200 g de lard fumé
50 cl de crème liquide
1 noix de beurre

Matériel
Siphon

VELOUTÉ DE CHÂTAIGNES,
CRÈME AU LARD PAYSAN

Préparez la crème au lard : pelez et émincez les échalotes. Coupez le lard en dés. Mettez le beurre à fondre dans une casserole. Faites-y revenir les échalotes et le lard, jusqu'à ce qu'ils soient légèrement caramélisés. Ajoutez la crème et portez à ébullition, puis coupez le feu. Laissez infuser à couvert 15 min. Filtrez la crème et laissez-la refroidir. Versez-la dans un siphon et placez-la au frais pendant 1 h.

Préparez le velouté de châtaignes : émincez les châtaignes, puis épluchez et émincez l'oignon. Mettez le beurre à fondre dans une poêle et faites-y revenir l'oignon. Ajoutez les châtaignes, la crème et le lait. Faites cuire le tout 20 min. Mixez, puis rectifiez la consistance avec du lait si nécessaire. Passez au chinois. Salez et poivrez.

Versez le velouté dans des bols et ajoutez un peu de crème au lard par-dessus. Ajoutez éventuellement un peu de persil sur la crème.

Temps de préparation : 30 min – Temps de marinade : 24 h – Pour 4 personnes

Pour le gaspacho
2 kg de tomates cœur de bœuf
1 oignon rouge
2 branches de céleri
1 concombre
6 gousses d'ail pelées et dégermées
1 botte de basilic
200 g de mie de pain
10 cl d'huile d'olive
3 cl de vinaigre de xérès
Piment d'Espelette
Tabasco (à votre goût)
Sel

Pour la ricotta
200 g de ricotta
½ botte de basilic
½ botte d'aneth
½ botte de ciboulette
30 g de pignons de pin
2 cl d'huile d'olive
Piment d'Espelette
Sel

GASPACHO DE TOMATES
AUX SAVEURS DE LA RIVIERA

La veille de la recette, préparez le gaspacho : coupez très finement tous les légumes, le basilic et la mie de pain. Mettez-les dans un bol avec l'huile d'olive, le vinaigre de xérès, du piment d'Espelette, du Tabasco et du sel. Laissez mariner 24 h.

Le jour de la recette, mixez cette préparation et passez-la au chinois fin. Rectifiez l'assaisonnement si nécessaire et gardez au frais.

Préparez la ricotta : émincez finement toutes les herbes. Mélangez-les avec la ricotta, les pignons de pin, l'huile d'olive, du piment d'Espelette et du sel.

Versez le gaspacho dans des bols. Posez des quenelles de ricotta aux herbes par-dessus. Parsemez éventuellement de persil.

Temps de préparation : 10 min – Temps de cuisson : 10 min – Pour 4 personnes

320 g de girolles lavées
1 échalote
Quelques noisettes concassées
Quelques feuilles de persil plat
Beurre
Sel, poivre du moulin

FRICASSÉE DE GIROLLES
AUX ÉCLATS DE NOISETTES

Pelez et émincez l'échalote. Poêlez-la dans une noix de beurre, jusqu'à ce qu'elle soit légèrement colorée. Ajoutez les girolles. Faites-les sauter 4 à 5 min. Salez et poivrez. Incorporez les noisettes.

Dressez les girolles dans des assiettes de service et parsemez de quelques feuilles de persil plat.

Suggestion du chef

Si vous en avez, ajoutez un peu de jus de veau sur les girolles au moment de servir.

Temps de préparation : 30 min – Temps de cuisson : 10 min – Temps de repos : 24 h + le temps de turbinage de la sorbetière – Pour 4 personnes

2 melons

Pour la gelée de sauternes
1 bouteille de sauternes
12 feuilles de gélatine

Pour le sorbet basilic
150 g de sucre en poudre
3 bottes de basilic
100 g de blancs d'œufs

Matériel
Sorbetière
Cuillère à pomme parisienne

BILLES DE MELON EN GELÉE DE SAUTERNES,
SORBET BASILIC

La veille de la recette, préparez la gelée de sauternes : versez la bouteille de sauternes dans une casserole, portez à ébullition puis flambez. Ajoutez la gélatine, mélangez et versez dans une boîte de conservation en plastique. Laissez prendre 24 h au frais.

Le jour de la recette, hachez la gelée au couteau. Mettez-la de côté.

Préparez le sorbet : mettez le sucre, 1 l d'eau et le basilic dans une casserole. Portez à ébullition. Versez dans un bol et laissez infuser 15 min. Filtrez et laissez refroidir. Mélangez avec les blancs d'œufs et versez dans une sorbetière.

Coupez les melons en deux. Videz les graines, puis faites des boules de chair avec une cuillère à pomme parisienne.

Répartissez les billes de melon dans des bols de service et ajoutez la gelée de sauternes. Servez le sorbet à part.

Temps de préparation : 35 min – Temps de cuisson : 30 min – Pour 4 personnes

100 g de feuilles de pâte à ravioles chinoises
2 jaunes d'œufs
1 oignon
4 tomates
2 brins de thym
35 g de pignons de pin
Huile d'olive
Sel, poivre du moulin

Pour la farce
½ botte de basilic
200 g de brousse (fromage frais)
5 cl de crème liquide
3 cl d'huile d'olive
Sel, poivre du moulin

Pour le pistou
½ botte de basilic
3 gousses d'ail
15 cl d'huile d'olive
15 g de pignons de pin
30 g de parmesan fraîchement râpé

RAVIOLES DE BROUSSE
AU PISTOU DE PROVENCE

Préparez la farce : effeuillez et hachez la demi-botte de basilic. Dans un bol, mélangez la brousse, le basilic haché, l'huile d'olive et la crème liquide. Salez et poivrez. Le mélange doit être pâteux.

Étalez sur une planche la moitié des carrés de pâte à ravioles. Badigeonnez-les des jaunes d'œufs au pinceau, puis déposez sur chaque carré 30 g de farce. Recouvrez-les avec les carrés de pâte à ravioles restants. Découpez-les en rond à l'aide d'un emporte-pièce.

Pelez et émincez l'oignon. Épépinez les tomates et coupez-les en brunoise (en petits dés). Faites revenir l'oignon à la poêle dans de l'huile d'olive, jusqu'à ce qu'il soit légèrement coloré. Ajoutez le thym et les tomates. Salez, poivrez et laissez cuire 20 min.

Pendant ce temps, préparez le pistou : effeuillez le basilic (gardez quelques petites feuilles pour la décoration). Pelez et dégermez les gousses d'ail. Mixez les feuilles de basilic avec l'huile d'olive, les pignons de pin, l'ail et le parmesan râpé.

Faites cuire les ravioles 2 min à l'eau bouillante salée. Disposez-les dans des assiettes creuses. Versez les tomates concassées par-dessus, le pistou, les 35 g de pignons de pin et quelques feuilles de basilic pour décorer.

Temps de préparation : 20 min – Temps de cuisson : 30 min – Pour 4 personnes

200 g de cèpes
50 cl de crème liquide
Quelques noisettes concassées
2 échalotes
1 cuil. à soupe de cognac
Quelques feuilles de persil plat (facultatif)
1 cuil. à soupe d'huile de noisette
Beurre
Sel

VELOUTÉ DE CÈPES,
CRÈME FOUETTÉE À LA NOISETTE

Fouettez 20 cl de crème liquide en chantilly. Incorporez l'huile de noisette. Gardez au frais.

Faites torréfier les noisettes quelques minutes au four à 180 °C (th. 6), jusqu'à ce qu'elles soient bien dorées.

Nettoyez et émincez les cèpes. Pelez et émincez les échalotes. Faites revenir les échalotes à la poêle dans du beurre. Ajoutez les cèpes et faites-les revenir 5 min. Déglacez avec le cognac. Ajoutez la crème restante (30 cl) et faites cuire 15 min. Mixez le tout. Salez à votre goût.

Répartissez le velouté dans des bols de service. Ajoutez la crème fouettée à la noisette, les noisettes concassées et éventuellement quelques feuilles de persil plat.

Temps de préparation : 20 min – Temps de marinade : 4 h minimum – Temps de cuisson : 1 h 40 – Pour 4 personnes

1 lobe de foie gras de canard cru (environ 500 g) dénervé
5 g de sel
3 g de poivre du moulin
1 cuil. à soupe de porto rouge
1 cuil. à soupe de cognac

Pour le chutney
2 figues
1 poire
½ oignon
12 g de miel
1 cuil. à soupe de vinaigre de xérès

TERRINE DE FOIE GRAS DE CANARD,
CHUTNEY DE FIGUES

Séparez le gros lobe du petit lobe du foie gras. Assaisonnez-les (sel et poivre), arrosez avec le porto et le cognac, puis laissez mariner un après-midi.

Préchauffez le four à 100 °C (th. 3-4). Posez le foie gras dans une terrine. Couvrez-la et placez-la dans un récipient. Remplissez-le d'eau à mi hauteur. Enfournez pour 56 min.

À la sortie du four, récupérez la graisse fondue. Passez-la au chinois et laissez-la figer. Faites à nouveau fondre cette graisse et nappez-en la terrine sans tout utiliser. Posez un poids entouré de film alimentaire sur le foie gras. Mettez la terrine au réfrigérateur jusqu'à ce que le gras ait pris. Démoulez la terrine. Lustrez-la avec la graisse restante fondue. Il faut au moins 3 ou 4 couches pour que la terrine soit uniformément lustrée. Terminez en la lissant avec un couteau trempé dans l'eau chaude et retirez la graisse qui a coulé lors du lustrage.

Préparez le chutney : lavez et épluchez les figues et la poire. Pelez et émincez le demi-oignon. Coupez les fruits et l'oignon en brunoise (en petits dés). Dans une casserole, mettez à chauffer le miel et le vinaigre afin de faire un caramel blond. Ajoutez les fruits et l'oignon, puis laissez cuire 30 min à feu doux.

Servez de belles tranches de foie gras avec du pain grillé et le chutney de figues.

Temps de préparation : 30 min – Temps de cuisson : 50 min – Pour 4 personnes

4 œufs
1 poivron rouge
1 poivron vert
1 poivron jaune
1 oignon blanc
2 gousses d'ail
4 tomates grappe
Piment d'Espelette
1 belle tranche de pain de campagne
6 tranches de chorizo
Beurre
Huile d'olive
Sel

Matériel
4 petits bocaux Le Parfait (avec les élastiques orange retirés) ou 4 ramequins

ŒUFS COCOTTE,
PIPERADE BASQUAISE

Préparez la piperade : pelez et épépinez les poivrons. Coupez-les en lanières. Pelez et émincez l'oignon et l'ail. Coupez les tomates en morceaux. Faites revenir l'oignon et l'ail à la poêle dans de l'huile d'olive, jusqu'à ce qu'ils prennent une belle couleur caramel. Ajoutez les poivrons, du sel et du piment d'Espelette. Faites cuire 20 min. Ajoutez les tomates et faites cuire encore 10 min.

Répartissez la piperade dans les bocaux ou les ramequins. Séparez les blancs des jaunes d'œufs, en gardant chaque blanc séparé. Versez 1 blanc sur chaque piperade.

Placez les pots ouverts dans un bain-marie d'eau froide, jusqu'aux trois quarts de leur hauteur. Faites-les chauffer à feu doux, jusqu'à ce que les blancs soient coagulés (environ 10 min).

Pendant ce temps, coupez le pain en quatre belles mouillettes. Coupez le chorizo en fins bâtonnets. Dans une poêle, faites dorer les mouillettes au beurre avec le chorizo.

Posez les jaunes d'œufs sur les blancs d'œufs cuits, puis les lamelles de chorizo par-dessus. Passez les pots ouverts pendant 3 min sous le gril du four, puis servez-les avec les mouillettes.

Temps de préparation : 20 min – Temps de cuisson : 5 min – Pour 4 personnes

400 g de lomo Iberico (du filet mignon de porc ibérique)
2 gousses d'ail
4 tomates grappe
4 belles tranches de pain de campagne
Piment d'Espelette
Huile d'olive
Fleur de sel

ASSIETTE DE LOMO IBERICO,
TARTINE À LA TOMATE

Coupez le lomo en fines tranches, puis répartissez-les sur des assiettes de service.

Coupez les gousses d'ail en deux. Mondez (pelez) et épépinez les tomates. Détaillez-les en brunoise (en petits dés).

Faites griller le pain de campagne. Frottez-le avec l'ail. Répartissez les dés de tomate dessus. Arrosez d'huile d'olive. Parsemez de fleur de sel et de piment d'Espelette. Servez ces tartines avec les assiettes de lomo.

Temps de préparation : 30 min – Temps de cuisson : 30 min – Pour 4 personnes

24 feuilles de pâte à ravioles chinoises
180 g de foie gras cru
300 g d'oignons rouges
50 cl de crème liquide
10 cl de lait
2 jaunes d'œufs
Huile d'arachide
Sel, poivre du moulin

RAVIOLES DE FOIE GRAS
À L'OIGNON ROUGE

Pelez et émincez les oignons. Dans une poêle, faites-les revenir sans coloration pendant 10 min à l'huile d'arachide. Mettez-en de côté un tiers. Ajoutez la crème et le lait, puis faites cuire pendant 15 min. Mixez le tout, puis passez le mélange au chinois.

Étalez sur une planche la moitié des carrés de pâte à ravioles. Badigeonnez-les des jaunes d'œufs au pinceau, puis déposez sur chaque carré 15 g de foie gras. Assaisonnez, puis recouvrez-les des carrés de pâte à ravioles restants. Découpez-les en rond à l'aide d'un emporte-pièce.

Faites cuire les ravioles dans l'eau bouillante pendant 3 min. Disposez au fond de chaque assiette des oignons non mixés et 3 ravioles de foie gras. Emulsionnez la sauce au mixeur plongeant et versez-la par-dessus. Ajoutez éventuellement un peu de persil.

Temps de préparation : 30 min – Temps de cuisson : 55 min – Pour 4 personnes

12 coquilles Saint-Jacques (faites-les ouvrir par votre poissonnier, récupérez les noix, les barbes et les coquilles, mais pas le corail)
1 oignon blanc
100 g de champignons de Paris
2 branches de céleri
20 g de pâte de tandoori rouge
10 cl de vin blanc
1 l de crème liquide
Le jus de ½ citron
5 endives
2 oranges
1 pincée de sucre en poudre
80 g de beurre
Huile d'arachide
Sel

Pour le dressage
200 g de gros sel
2 blancs d'œufs

COQUILLES SAINT-JACQUES AUX ARÔMES DE TANDOORI,
FONDUE D'ENDIVES

Préparez le dressage du plat : mélangez le gros sel avec les blancs d'œufs pour obtenir une pâte. Étalez cette pâte sur des assiettes de service. Lavez bien les coquilles Saint-Jacques. Enfoncez-les dans la pâte au sel pour les faire tenir.

Pelez et émincez l'oignon. Coupez les pieds des champignons et émincez-les. Éliminez la base des branches de céleri, séparez les côtes, puis rincez-les et émincez-les. Mettez à fondre 30 g de beurre dans une casserole. Faites-y revenir les oignons 2 ou 3 min, puis ajoutez les champignons et le céleri pour les faire revenir également. Ajoutez le tandoori pour le torréfier (le chauffer pour faire ressortir son goût), puis les barbes de saint-jacques et le vin blanc. Faites réduire de moitié. Ajoutez la crème et faites cuire 20 min. Passez cette sauce au chinois, puis ajoutez le jus de citron. Salez la sauce à votre goût.

Enlevez les feuilles extérieures des endives. Coupez-les en deux dans la longueur, retirez le cœur amer, puis émincez-les finement. Faites-les revenir à la casserole dans les 50 g de beurre restants. Pressez les oranges, puis ajoutez le jus et le sucre dans la casserole. Faites caraméliser le tout 15 min et mettez de côté.

Faites chauffer de l'huile d'arachide dans une poêle. Faites colorer les noix de saint-jacques 2 ou 3 min par côté. Salez-les. Dressez le plat en répartissant les endives dans les coquilles et posez les noix par-dessus. Émulsionnez la sauce à l'aide d'un mixeur plongeant et versez-la sur les coquilles Saint-Jacques.

Temps de préparation : 15 min – Temps de cuisson : 3 min – Pour 4 personnes

16 langoustines crues
4 gousses d'ail
125 g de beurre pommade (mou)
15 g de feuilles de persil plat
30 g de chapelure
Sel

LANGOUSTINES GRATINÉES
AU BEURRE PERSILLÉ

Pelez et dégermez les gousses d'ail. Mixez ensemble le beurre, l'ail, le persil et la chapelure. Gardez ce beurre persillé au frais.

Préchauffez le gril du four. Coupez les langoustines en deux dans le sens de la longueur. Posez-les sur une plaque allant au four, carapace vers le bas.

Étalez un peu de beurre aromatisé sur chaque demi-langoustine. Passez-les 3 min sous le gril du four, jusqu'à ce qu'elles prennent une belle coloration.

Temps de préparation : 20 min – Temps de cuisson : 20 min – Pour 4 personnes

8 belles tranches de saumon fumé
600 g de pommes de terre ratte
2 échalotes
1 cuil. à café de moutarde de Dijon
2 cuil. à soupe de vinaigre de xérès
6 cuil. à soupe d'huile d'arachide
Quelques brins de ciboulette
Sel

SAUMON FUMÉ,
POMMES DE TERRE TIÈDES EN VINAIGRETTE

Faites cuire les pommes de terre à l'eau avec la peau. Égouttez-les, épluchez-les et coupez-les en rondelles.

Pendant la cuisson des pommes de terre, préparez la vinaigrette. Pelez et émincez les échalotes. Mélangez la moutarde, le vinaigre et du sel. Versez l'huile petit à petit en continuant de mélanger. Ajoutez les échalotes et mélangez à nouveau. Plongez les rondelles de pommes de terre encore tièdes dans la vinaigrette et mélangez.

Coupez la ciboulette en petits tronçons. Déposez le saumon fumé dans des assiettes de service avec les pommes de terre tièdes. Parsemez de ciboulette.

Temps de préparation : 25 min – Temps de cuisson : 45 min – Pour 4 personnes

16 coquilles Saint-Jacques (faites ouvrir les coquilles par votre poissonnier, récupérez les noix et les barbes, mais pas le corail)
2 poireaux
30 g de truffe
2 échalotes
100 g de champignons de Paris
3 cl de vin blanc
1 l de crème liquide
Piment d'Espelette
Beurre
Huile d'arachide
Sel, poivre du moulin

NOIX DE SAINT-JACQUES AU FOUR, FONDUE DE POIREAUX ET JUS TRUFFÉ

Préparez la sauce : pelez et émincez les échalotes. Grattez, ôtez la première peau et l'extrémité terreuse des champignons de Paris, puis émincez-les. Faites revenir les échalotes et les champignons à la poêle dans du beurre, sans les laisser colorer. Déglacez avec le vin blanc. Ajoutez les barbes des saint-jacques. Faites cuire 5 min, puis ajoutez la crème et poursuivez la cuisson encore 10 min.

Passez la sauce de cuisson au chinois. Hachez la truffe et ajoutez-la. Mixez la sauce, puis gardez-la au chaud.

Fendez les poireaux dans la longueur, lavez-les puis émincez-les finement. Faites fondre une noix de beurre dans une casserole. Faites-y revenir les poireaux. Assaisonnez-les de sel, de poivre et de piment d'Espelette.

Préchauffez le four à 180 °C (th. 6). Faites dorer rapidement les noix de saint-jacques à l'huile d'arachide dans une poêle, puis passez-les 3 min au four.

Servez les noix de saint-jacques sur un lit de poireaux et arrosez-les de sauce à la truffe.

Temps de préparation : 30 min – Temps de cuisson : 40 min – Temps de marinade : 30 min – Pour 4 personnes

360 g de chipirons
4 gousses d'ail
Piment d'Espelette
50 cl de jus de crustacés (recette p. 86)
ou de bisque de homard
Huile d'olive
Sel, poivre du moulin

Pour la piperade
1 poivron rouge
1 poivron vert
1 poivron jaune
1 oignon blanc
2 gousses d'ail
4 tomates grappe
Huile d'olive
Sel

POÊLÉE DE CHIPIRONS
AU PIMENT D'ESPELETTE, PIPERADE

Préparez la piperade : pelez et épépinez les poivrons, puis coupez-les en lanières. Pelez et émincez l'oignon et l'ail. Coupez les tomates en morceaux. Faites revenir l'oignon et l'ail à la poêle dans de l'huile d'olive, jusqu'à ce qu'ils prennent une belle couleur caramel. Salez, puis ajoutez les poivrons et faites cuire 20 min. Ajoutez les tomates et faites cuire encore 10 min. Gardez la piperade au chaud.

Séparez les têtes des corps des chipirons. Retirez le cartilage interne et videz les corps. Coupez les tentacules au ras des yeux, jetez les têtes. Rincez les corps et les tentacules à l'eau courante. Séchez-les bien et émincez-les.

Pelez et hachez l'ail. Mettez les chipirons à mariner 30 min avec l'ail, 10 cl d'huile d'olive et du piment d'Espelette.

Faites chauffer de l'huile d'olive à feu vif dans une grande poêle. Poêlez rapidement les chipirons. Arrosez-les du jus de crustacés ou de la bisque de homard.

Répartissez la piperade dans des assiettes de service et posez les chipirons dessus.

DE

CRISTAL-ROC
12 x 1,5 Liter
SPRING WATER
CRISTAL-ROC
12 x 1,5 Litre
EAU DE SOURCE

Suggestions du
MENU DEJEUNER
CARPACCIO DE BOEUF AU PARMESAN
OU

PLATS

Temps de préparation : 40 min – Temps de cuisson : 10 min – Pour 4 personnes

Pour le tartare
800 g de viande de bœuf à tartare
4 échalotes
6 cornichons
4 cuil. à soupe de câpres
Sel, poivre du moulin

Pour la mayonnaise
1 jaune d'œuf
1 cuil. à soupe de Savora
10 cl d'huile d'arachide
Sel

Pour les frites
800 g de pommes de terre bintje
Huile pour friture
Fleur de sel

TARTARE DE BŒUF AU COUTEAU,
FRITES MAISON

Préparez une mayonnaise à la Savora : mélangez bien le jaune d'œuf avec la Savora et un peu de sel. Ajoutez l'huile petit à petit en fouettant, jusqu'à ce que le mélange épaississe.

Préparez le tartare : pelez les échalotes. Hachez finement les cornichons, les câpres et les échalotes. Hachez la viande au couteau. Mettez-la dans un saladier. Ajoutez 8 cuil. à soupe de mayonnaise, les câpres hachées, les cornichons hachés et les échalotes hachées. Mélangez bien le tout. Salez et poivrez.

Préparez les frites : faites chauffer l'huile de friture à 150 °C. Pelez les pommes de terre et détaillez-les en frites. Essuyez-les dans un torchon. Plongez les frites 5 min dans l'huile, puis égouttez-les. Montez la température de l'huile à 190 °C. Replongez les frites pour 5 min, puis égouttez-les de nouveau et parsemez-les de fleur de sel.

Servez le tartare accompagné des frites et de la mayonnaise.

Suggestion du chef

Vous pouvez accompagner le tartare-frites d'un peu de roquette assaisonnée.

Temps de préparation : 10 min – Temps de trempage : entre 1 h et 1 nuit – Temps de cuisson : 45 min – Pour 4 personnes

4 escalopes de veau
50 g de morilles séchées
2 échalotes
3 cl de cognac
50 cl de crème liquide
400 g de tagliatelles fraîches
30 g de beurre
Huile d'arachide
Sel

ESCALOPES DE VEAU À LA CRÈME DE MORILLES,
TAGLIATELLES FRAÎCHES

Réhydratez les morilles dans de l'eau tiède, 1 h au minimum, idéalement toute la nuit. Égouttez-les en récupérant l'eau dans laquelle elles ont trempé.

Pelez et émincez les échalotes. Faites-les revenir à la poêle dans le beurre. Ajoutez les morilles et faites-les cuire 10 min. Déglacez avec le cognac et salez. Versez la crème et prolongez la cuisson de 20 min à petits bouillons. Gardez quelques morilles entières pour la décoration. Mixez le reste pour obtenir la crème de morilles. Si elle est trop épaisse, détendez-la avec un peu d'eau de trempage des morilles.

Salez les escalopes. Poêlez-les à l'huile d'arachide, 3 ou 4 min de chaque côté. Faites cuire les tagliatelles dans de l'eau bouillante salée, suivant les instructions sur le paquet.

Servez les escalopes accompagnées de tagliatelles et arrosées de crème de morilles.

Temps de préparation : 15 min – Temps de cuisson : 1 h 40 – Pour 4 personnes

1 poulet de 1,5 kg
100 g de beurre mou
2 cuil. à soupe de persil plat finement haché
1 branche de romarin
100 g d'olives vertes dénoyautées
Quelques croûtons de pain rassis
Sel, poivre du moulin

Suggestion du chef

POULET RÔTI À MA FAÇON

Je ne résiste pas à ce poulet rôti. Le beurre, qu'on glisse sous sa peau, irrigue sa chair pour la rendre moelleuse et gourmande.

Préchauffez le four à 180 °C (th. 6). Mélangez le beurre, le persil haché, un peu de sel et de poivre.

Soulevez délicatement la peau du poulet avec les doigts, sans la déchirer. Introduisez du beurre de persil sous la peau des cuisses et des blancs, aussi loin que vous le pouvez. Replacez bien la peau du poulet.

À l'intérieur du poulet, placez la branche de romarin, quelques olives et les croûtons de pain près de l'ouverture.

Déposez le poulet dans un plat allant au four et entourez-le des olives vertes restantes. Glissez le plat au four et faites rôtir le poulet 10 min. Arrosez-le du jus de cuisson, baissez la température du four à 160 °C (th. 5-6) et laissez-le cuire pendant 1 h 30, en l'arrosant très souvent.

Choix du vin

Marsannay rouge, domaine Ballorin, 2007.

Idée menu

Velouté de cèpes, crème fouettée à la noisette (p. 26)
Poulet rôti à ma façon
Paris-Brest (p. 104)

Temps de préparation : 20 min – Temps de cuisson : 1 h 45 – Pour 4 personnes

4 andouillettes A.A.A.A.A.
1 kg de pommes de terre BF 15
5 oignons
1 gousse d'ail
150 g de beurre
1 bouquet garni
50 cl de bouillon de volaille (maison ou en cube)
Huile d'arachide
Sel, poivre du moulin

ANDOUILLETTES A.A.A.A.A., POMMES BOULANGÈRES

Préchauffez le four à 210 °C (th. 7). Pelez les pommes de terre et coupez-les en tranches fines. Pelez les oignons et émincez-les finement. Pelez et écrasez la gousse d'ail.

Faites fondre 120 g de beurre dans une cocotte et ajoutez les oignons. Quand ils deviennent mous et transparents, ajoutez l'ail et les pommes de terre. Salez, poivrez et mélangez bien.

Versez ce mélange dans quatre petits plats allant au four. Répartissez le bouquet garni. Versez le bouillon. Parsemez de lamelles du beurre restant. Enfournez pendant 1 h 30, puis retirez le bouquet garni.

Pendant la cuisson des pommes de terre, piquez les andouillettes à la fourchette pour ne pas qu'elles éclatent. Poêlez-les dans de l'huile d'arachide environ 15 min.

Coupez chaque andouillette en six tranches. Posez-les sur les pommes de terre et enfournez-les pour 5 à 10 min, jusqu'à ce qu'elles soient dorées.

Temps de préparation : 20 min – Temps de cuisson : 20 min – Temps de repos : 5 min – Pour 4 personnes

2 côtes de bœuf de 1,3 kg chacune, avec os (si possible du bœuf Simmenthal)
Huile d'arachide
Sel fin, fleur de sel

Pour la béarnaise
2 échalotes
2 brins d'estragon
20 cl de vinaigre de vin blanc
150 g de beurre doux bien froid
3 jaunes d'œufs
Sel, poivre du moulin

CÔTES DE BŒUF SIMMENTHAL, BÉARNAISE

Préchauffez le four à 180 °C (th. 6). Salez les côtes de bœuf au sel fin. Poêlez-les à feu vif dans de l'huile d'arachide, jusqu'à ce qu'elles prennent une belle coloration. Pour une cuisson saignante, enfournez-les 20 min, puis laissez-les reposer 5 min avant de les servir.

Pendant ce temps, préparez la béarnaise. Pelez et hachez les échalotes. Gardez de côté quelques feuilles d'estragon pour la finition. Mettez dans une casserole l'échalote, les brins d'estragon et le vinaigre. Faites réduire, jusqu'à ce qu'il n'y ait presque plus de liquide. Retirez du feu, ôtez les brins d'estragon, puis laissez tiédir.

Coupez le beurre en petits cubes. Ajoutez les jaunes d'œufs dans la casserole, salez et mélangez bien. Posez la casserole sur un bain-marie frémissant et fouettez en ajoutant le beurre petit à petit. Laissez la sauce épaissir sans bouillir. Rectifiez l'assaisonnement si nécessaire, ajoutez les feuilles d'estragon restantes hachées. Gardez la sauce au tiède.

Coupez les côtes de bœuf en tranches, saupoudrez-les de fleur de sel. Servez-les avec la sauce béarnaise.

Temps de préparation : 30 min – Temps de cuisson : 3 h 10 – Pour 4 personnes

650 g d'agneau à sauté
2 cuil. à café de cumin en poudre
75 cl de fond d'agneau (maison ou en poudre)
2 carottes
2 pommes de terre
1 courgette
200 g de haricots verts
2 gousses d'ail
Quelques oignons grelots
20 cl de fond blanc ou bouillon cube
50 g de beurre
Quelques olives vertes
Huile d'arachide
Sel

Pour la garniture aromatique
1 carotte
1 oignon
1 échalote

Suggestion du chef

SAUTÉ D'AGNEAU AUX OLIVES
CUISINÉ EN COCOTTE

Ce plat me touche particulièrement, c'est un des premiers que j'ai appris à préparer quand j'étais jeune apprenti dans le restaurant des Fagegaltier à Belcastel. Je le cuisinais souvent pour les repas du personnel avec les superbes agneaux de l'Aveyron.

Préchauffez le four à 180 °C (th. 6). Coupez l'agneau en morceaux. Faites-les dorer à l'huile d'arachide dans une cocotte. Pelez tous les légumes de la garniture aromatique et coupez-les en morceaux. Ajoutez-les dans la cocotte et saupoudrez de cumin. Mouillez avec le fond d'agneau et 75 cl d'eau. Enfournez pendant 3 h. Sortez la viande et passez la sauce au chinois. Salez à votre goût.

Pendant la cuisson de l'agneau, pelez les carottes et les pommes de terre, puis émincez-les. Rincez et coupez la courgette en rondelles. Équeutez les haricots verts. Pelez, dégermez et émincez l'ail et les oignons. Faites cuire tous les légumes séparément à l'eau bouillante salée, jusqu'à ce qu'ils soient tendres. Poêlez-les ensemble avec le fond blanc et le beurre afin de les glacer (leur donner du brillant).

Servez l'agneau avec les légumes en cocotte. Arrosez avec le jus et parsemez d'olives.

Choix du vin

Bourgueil « les Galichets »,
Pierre Breton, 2007.

Idée menu

Saumon fumé, pommes de terre tièdes en vinaigrette (p. 40)
Sauté d'agneau aux olives cuisiné en cocotte
Tarte meringuée au citron (p. 108)

Temps de préparation : 20 min – Temps de cuisson : 45 min – Temps de trempage : entre 1 h et 1 nuit – Pour 4 personnes

2 côtes de veau de 600 g chacune, avec os
16 grosses asperges vertes
50 g de morilles séchées
2 échalotes
50 g de beurre
3 cl de cognac
50 cl de crème liquide
2 cuil. à soupe de jus de veau maison
(recette p. 70) ou en poudre
Huile d'arachide
Sel

CÔTES DE VEAU AUX ASPERGES
ET AUX MORILLES

Réhydratez les morilles dans de l'eau tiède pendant 1 h au minimum, idéalement toute la nuit. Égouttez-les en récupérant l'eau dans laquelle elles ont trempé.

Pelez et émincez les échalotes. Faites-les revenir à la poêle dans 30 g de beurre. Ajoutez les morilles et faites-les cuire 10 min. Déglacez au cognac, puis salez les morilles. Versez la crème et prolongez la cuisson de 20 min à petits bouillons. Gardez quelques morilles entières pour la décoration.

Mixez les autres pour obtenir une crème de morilles. Si elle est trop épaisse, allongez-la avec un peu d'eau de trempage des morilles. Gardez la sauce au chaud.

Pendant la cuisson de la sauce, coupez les pieds des asperges jusqu'au vert tendre. Faites-les cuire à l'eau bouillante salée, environ 6 à 10 min, jusqu'à ce qu'elles soient tendres. À la fin de la cuisson, plongez-les dans de l'eau glacée, puis mettez-les de côté.

Préchauffez le four à 180 °C (th. 6). Salez les côtes de veau. Dans une poêle à feu vif, faites-les bien dorer des deux côtés dans de l'huile d'arachide. Placez-les dans un plat et posez sur chacune d'elles une noisette de beurre. Enfournez pour 10 min.

Pendant la cuisson, faites réchauffer les asperges à la poêle dans une noix beurre. Arrosez-les du jus de veau pour les glacer (leur donner du brillant).

Laissez reposer les côtes de veau 5 min à la sortie du four. Coupez-les en tranches et servez-les avec les asperges et la sauce.

Temps de préparation : 30 min – Temps de cuisson : 45 min – Pour 4 personnes

4 boudins noirs
6 pommes golden
1,5 kg de pommes de terre ratte
5 g de cannelle en poudre
600 g de beurre + un peu pour la cuisson des pommes
15 cl de crème liquide
15 cl de lait
Huile d'arachide
Sel

BOUDIN AUX DEUX POMMES

Pelez les pommes. Coupez-les en quartiers, retirez le trognon et émincez-les. Faites-les revenir à la poêle dans du beurre. Ajoutez la cannelle et mixez le tout avec une pointe de sel. Gardez au chaud.

Pelez les pommes de terre. Faites-les cuire à l'eau jusqu'à ce qu'elles soient tendres. Faites chauffer la crème et le lait ensemble. Mettez le mélange crème et lait dans un grand bol. Passez les pommes de terre au moulin à légumes dans ce bol. Ajoutez le beurre au fur et à mesure dans le moulin à légumes. Mélangez le tout. Ajoutez du lait ou de la crème si nécessaire pour obtenir la bonne consistance. Salez et gardez au chaud.

Piquez les boudins à la fourchette pour ne pas qu'ils éclatent. Poêlez-les à l'huile d'arachide environ 15 min. Servez les boudins avec les deux purées.

Temps de préparation : 30 min – Temps de trempage : 24 h – Temps de cuisson : 5 h – Pour 4 personnes

350 à 400 g de haricots secs de type lingot (du Lauragais de préférence)
250 g de couennes de porc
1 oignon
2 carottes
1 carcasse de volaille ou quelques os de porc
2 cuisses de canard ou d'oie confites, coupées en deux
4 morceaux de 80 g de saucisse pur porc de Toulouse
4 morceaux de 50 g de viande de porc pris dans le jarret, l'épaule ou la poitrine
3 gousses d'ail
Du lard salé (le double du poids des gousses d'ail)
1 cuil. à soupe de concentré de tomates
Sel, poivre du moulin

Suggestion du chef

CASSOULET MAISON

J'adore ce plat emblématique du Sud-Ouest. C'est un véritable plat d'hiver, réconfortant sans être trop riche. Aujourd'hui, il est un peu oublié et je veux lui redonner ses lettres de noblesse.

La veille de la recette, mettez les haricots à tremper dans de l'eau froide. Le jour de la recette, égouttez-les. Versez-les dans une casserole avec 3 l d'eau froide et portez à ébullition pendant 5 min. Coupez le feu. Videz l'eau et mettez de côté les haricots.

Coupez les couennes en larges lanières. Pelez l'oignon et les carottes, puis coupez-les en gros morceaux. Immergez les couennes, la carcasse de volaille ou les os de porc, les oignons et les carottes dans 3 l d'eau (non calcaire). Salez et poivrez bien. Faites cuire pendant 1 h à petits bouillons, puis filtrez le jus et récupérez les couennes. Faites cuire les haricots dans ce bouillon, jusqu'à ce qu'ils soient souples mais qu'ils restent bien entiers. Comptez 1 h dès l'ébullition.

Pendant ce temps, préparez les viandes. Faites dégraisser les morceaux de confit à feu doux dans une poêle, puis mettez de côté. Dans la graisse restante, faites rissoler les saucisses de Toulouse, puis débarrassez. Faites enfin rissoler les morceaux de porc, jusqu'à ce qu'ils soient bien dorés, puis mettez de côté également. Gardez 1 cuil. à soupe de graisse de cuisson.

Égouttez les haricots et conservez le bouillon au chaud. Pelez les gousses d'ail. Concassez-les avec le lard salé. Ajoutez-les dans les haricots avec le concentré de tomates et mélangez.

Préchauffez le four à 150-160 °C (th. 5). Montez le cassoulet dans un plat creux en terre cuite appelé « cassolo » . Tapissez le fond du plat avec la moitié de la couenne. Ajoutez un tiers des haricots. Disposez les viandes par-dessus et versez le reste des haricots. Disposez les saucisses en les enfonçant, le dessus des haricots doit rester apparent. Versez le bouillon, il doit juste couvrir les haricots. Poivrez et ajoutez la cuillerée de graisse de cuisson des viandes.

Enfournez le cassoulet pour 2 ou 3 h. Pendant la cuisson, il se formera une croûte marron doré à la surface qu'il faut enfoncer à plusieurs reprises (les anciens disaient 7 fois). Quand le dessus des haricots commence à sécher, ajoutez quelques cuillerées de bouillon. Si vous préparez le cassoulet la veille, réchauffez-le au four à 150 °C (th. 5) pendant 1 h 30. N'oubliez pas d'ajouter un peu de bouillon ou, à défaut, quelques cuillerées d'eau. Servez le cassoulet bouillonnant dans sa cassole sans le remuer.

Choix du vin

Fronton « tot co que cal », château de Plaisance, 2006.

Idée menu

Œufs cocotte, piperade basquaise (p. 30)
Cassoulet maison
Petits pots au chocolat, cigarettes croustillantes au praliné (p. 110)

Temps de préparation : 30 min – Temps de cuisson : 2 h – Pour 4 personnes

600 g de ris de veau (si possible de Corrèze)
10 g de câpres
50 g de piquillos (petits poivrons cuits)
½ botte de persil plat
4 carottes
70 g de beurre + un peu pour poêler les ris de veau
1 cuil. à café de curcuma
15 g de sucre en poudre
Sel, poivre du moulin

Pour le jus de veau
1 kg de poitrine de veau
3 échalotes
½ tête d'ail
Huile d'olive
Sel, poivre du moulin

RIS DE VEAU DE CORRÈZE,
JUS ACIDULÉ, PURÉE DE CAROTTES AU CURCUMA

Préparez le jus de veau : pelez et émincez les échalotes. Pelez les gousses d'ail. Coupez la poitrine de veau en morceaux, puis faites-les revenir à la poêle dans de l'huile d'olive chaude. Ajoutez l'ail et les échalotes. Faites revenir le tout quelques minutes.

Déglacez une fois à l'eau pour récupérer les sucs de la viande, puis mouillez à hauteur. Laisser mijoter 1 h 30, puis passez le mélange au chinois tout en récupérant le jus. Assaisonnez-le. Mettez les câpres, les piquillos émincés et le persil plat haché dans une saucière. Versez le jus de veau par-dessus.

Pendant la cuisson du jus, pelez les carottes et coupez-les en tronçons. Faites-les cuire 30 min à l'eau, jusqu'à ce qu'elles soient fondantes, puis égouttez-les.

Faites chauffer 20 g de beurre dans une casserole, jusqu'à ce qu'il prenne une couleur noisette. Ajoutez le curcuma et mélangez. Mixez les carottes avec les 50 g de beurre restants, le sucre et le beurre au curcuma, jusqu'à ce que vous obteniez une purée lisse. Assaisonnez à votre goût. Gardez la purée au chaud au bain-marie.

Plongez les ris de veau pendant 2 min dans une casserole d'eau bouillante afin de les blanchir. Égouttez-les et épluchez-les. Coupez-les en tranches, puis faites-les revenir 5 min à la poêle dans du beurre. Salez et poivrez.

Servez les ris de veau avec le jus de veau et des quenelles de purée de carottes.

Temps de préparation : 30 min – Temps de cuisson : 7 h 20 – Pour 4 personnes

4 souris d'agneau de 200 g chacune (si possible de Lozère)
1 oignon blanc
2 tomates
100 g de champignons de Paris
70 g de mélange d'épices en poudre (2 g de cannelle, 6 g de quatre-épices, 12 g de ras-el-hanout, 30 g de coriandre, 20 g de cumin)
200 g de semoule moyenne
1 brin de coriandre
50 g de piquillos (petits poivrons cuits)
200 g de dattes pour la purée + 5 dattes pour cuire avec les souris
2 citrons confits
5 cl de fond blanc ou de bouillon cube
Huile d'olive
Sel

SOURIS D'AGNEAU DE LOZÈRE CONFITES 7 HEURES,

SEMOULE AUX DATTES ET CITRONS CONFITS

Préchauffez le four à 120 °C (th. 4). Dans une cocotte, faites dorer les souris d'agneau à l'huile d'olive sur toutes les faces. Mettez-les de côté.

Pelez et émincez l'oignon. Coupez les tomates en quatre. Grattez, ôtez la première peau et l'extrémité terreuse des champignons de Paris, puis émincez-les. Dans la cocotte, faites revenir l'oignon et les champignons à l'huile d'olive, puis ajoutez les souris d'agneau, 5 dattes, les tomates et 50 g de mélange d'épices. Mouillez d'eau à hauteur et enfournez pour 7 h. Sortez les souris et mixez le jus.

Juste avant la fin de la cuisson des souris, faites cuire la semoule comme indiqué sur le paquet. Effeuillez et hachez la coriandre. Hachez les piquillos. Mélangez la semoule avec le reste du mélange d'épices, la coriandre et les piquillos. Salez à votre goût.

Dénoyautez les dattes. Mixez-les avec les citrons confits épépinés et le fond blanc ou le bouillon. Faites chauffer cette purée à feu doux.

Servez les souris d'agneau avec la semoule et la purée de dattes, puis arrosez-les de jus.

STAUB
STAUB

Temps de préparation : 45 min – Temps de cuisson : 1 h – Pour 4 personnes

300 g de crépine de porc
1 chou vert frisé
3 gousses d'ail
3 échalotes
1 oignon
80 g de mie de pain
10 cl de lait
1 botte de persil plat
1 kg de reste de viande de pot-au-feu
1 œuf
2 l de bouillon de pot-au-feu
2 noix de beurre
Sel, poivre du moulin

Suggestion du chef

CHOU FARCI

Le chou farci est une de mes recettes préférées. Il me rappelle ma région, l'Aveyron. C'est un de ces plats familiaux qu'on pose sur la table les jours de fête pour se rassembler. Avec la farce et le bouillon, c'est un véritable plat chaleureux et convivial.

Faites tremper la crépine de porc dans de l'eau froide le temps de préparer le reste de la recette.

Détachez les feuilles de chou et lavez-les. Faites-les blanchir à l'eau bouillante, puis plongez-les immédiatement dans de l'eau glacée. Séchez-les et aplatissez-les. Retirez les côtes.

Pelez et dégermez les gousses d'ail. Hachez-les finement. Pelez et émincez les échalotes et l'oignon. Faites-les suer dans le beurre à la poêle. Laissez-les ensuite refroidir.

Faites tremper la mie de pain dans le lait. Effeuillez le persil et hachez-le. Effilochez la viande dans un grand bol. Ajoutez l'ail, l'oignon, l'échalote, le persil, le pain et l'œuf. Mélangez le tout et assaisonnez.

Chemisez un saladier d'environ 15 cm de diamètre avec des feuilles de chou en mettant les plus solides au fond. Posez-les avec le relief contre le bol. Déposez un quart de la farce dessus. Rabattez les feuilles pour la recouvrir. Recommencez pour obtenir 4 choux farcis. Enveloppez-les de crépine. Donnez-leur une belle forme ronde.

Préchauffez le four à 200 °C (th. 6-7). Posez les choux farcis dans un plat allant au four. Faites chauffer le bouillon et versez-le dans le plat. Faites chauffer le plat sur le feu jusqu'à ce que le bouillon frémisse, puis enfournez-le pour 45 min. Arrosez les choux régulièrement pendant la cuisson.

Choix du vin

Saumur Champigny vieilles vignes, domaine des Varinelles, 2004.

Idée menu

Coquilles Saint-Jacques aux arômes de tandoori, fondue d'endives (p. 36)
Chou farci
Tarte meringuée au citron (p. 108)

Temps de préparation : 30 min – Temps de cuisson : 40 min – Pour 4 personnes

4 cuisses de canard confites
2 oignons blancs
100 g de champignons de Paris
5 tomates grappe
20 cl de jus de veau maison (recette p. 70) ou en poudre
1,5 kg de pommes de terre ratte
15 cl de crème liquide
15 cl de lait
100 g d'emmental râpé
600 g de beurre
Huile d'olive
Sel

HACHIS PARMENTIER DE CANARD CONFIT
GRATINÉ À L'EMMENTAL

Pelez les oignons et émincez-les finement. Grattez, ôtez la première peau et l'extrémité terreuse des champignons de Paris, puis émincez-les finement. Coupez les tomates en morceaux. Dans une cocotte, faites revenir les oignons à l'huile d'olive. Quand ils sont colorés, ajoutez les champignons et faites-les revenir 5 min. Ajoutez les tomates et le jus de veau. Faites cuire le tout 10 min.

Effilochez la chair de canard. Ajoutez-la, sans le gras, dans la cocotte et prolongez la cuisson de 10 min.

Pendant ce temps, pelez les pommes de terre. Faites-les cuire à l'eau jusqu'à ce qu'elles soient tendres. Faites chauffer la crème et le lait ensemble. Mettez le mélange crème et lait dans un grand bol. Passez les pommes de terre au moulin à légumes dans ce bol. Ajoutez le beurre au fur et à mesure dans le moulin à légumes. Mélangez le tout. Ajoutez du lait ou de la crème si nécessaire pour obtenir la bonne consistance. Salez.

Préchauffez le four à 180 °C (th. 6). Étalez la viande de canard dans un plat allant au four. Recouvrez-la de purée. Saupoudrez d'emmental et enfournez pour 10 min de cuisson.

Temps de préparation : 20 min – Temps de cuisson : 30 min – Temps de repos : 15 min minimum – Pour 4 personnes

4 entrecôtes
1 kg de pommes de terre ratte, bintje ou charlotte
1 l de crème liquide
4 œufs
5 cl de lait
100 g de gruyère râpé frais
Noix muscade râpée
Beurre
Fleur de sel
Sel, poivre du moulin

ENTRECÔTES NORMANDES AU SAUTOIR,
GRATIN DAUPHINOIS

Pelez les pommes de terre et coupez-les en fines rondelles à la mandoline ou au couteau. Portez la crème à ébullition. Plongez-y les rondelles de pommes de terre et faites-les cuire environ 15 min, jusqu'à ce qu'elles soient bien cuites mais pas réduites en purée.

Passez les pommes de terre à la passoire, tout en récupérant la crème. Assaisonnez-la de sel, de poivre et de noix muscade. Laissez-la refroidir à température ambiante ou 15 min au réfrigérateur.

Préchauffez le four à 190 °C (th. 6). Battez les œufs, puis mélangez-les à la crème froide avec le lait. Étalez les pommes de terre dans un plat à gratin. Versez la crème par-dessus. Parsemez de gruyère râpé, puis enfournez pour 10 min.

Pendant ce temps, poêlez les entrecôtes au beurre, environ 3 min par côté, puis parsemez-les de fleur de sel. Servez-les accompagnées du gratin.

Temps de préparation : 45 min – Temps de cuisson : 1 h – Pour 4 personnes

1 kg d'épaule d'agneau hachée
4 grosses aubergines
3 oignons
400 g de tomates
4 brins de thym
20 g de cumin en poudre
4 gousses d'ail
100 g de parmesan fraîchement râpé
Huile d'olive
Sel, poivre du moulin

Suggestion du chef

MOUSSAKA D'AUBERGINES
À L'AGNEAU CONFIT

C'est toute la Méditerranée qui s'exprime à travers ce plat. J'y ai ajouté une touche personnelle, une pointe de cumin, qui me rappelle le Maroc, pays cher à mon cœur.

Préchauffez le four à 180 °C (th. 6). Coupez deux aubergines en deux dans la longueur. Salez-les, poivrez-les et badigeonnez-les d'huile d'olive. Enfournez-les pour 30 min, en vérifiant la cuisson et en la prolongeant un peu si nécessaire.

Pendant ce temps, épluchez et émincez les oignons. Coupez les tomates en morceaux. Effeuillez 2 brins de thym. Dans une sauteuse, faites revenir la viande hachée dans de l'huile d'olive, jusqu'à ce qu'elle soit colorée. Ajoutez l'oignon et le thym. Salez. Faites cuire le tout 10 min à feu moyen. Ajoutez les tomates et faites cuire encore 20 min, puis mettez de côté.

Videz la chair des aubergines cuites à la cuillère et hachez-la. Mélangez-la avec la viande cuite et faites cuire le tout 5 min pour dessécher légèrement. Ajoutez le cumin et rectifiez l'assaisonnement si besoin.

Coupez les deux autres aubergines en tranches de 1,5 cm d'épaisseur. Pelez et hachez l'ail. Effeuillez les 2 brins de thym restants. Faites dorer les tranches d'aubergine à la poêle dans de l'huile d'olive. Posez-les sur la plaque du four, saupoudrez-les de thym et d'ail haché, puis enfournez-les pour 8 min environ. Attention, elles ne doivent pas être trop cuites.

Montez la moussaka dans un plat allant au four en alternant les tranches d'aubergine avec la viande. Saupoudrez de parmesan. Repassez 5 ou 6 min au four.

Choix du vin
Coteaux du Languedoc, Clos des Mines, 2008.

Idée menu
Billes de melon en gelée de sauternes, sorbet basilic (p. 22)
Moussaka d'aubergines à l'agneau confit
Pain perdu aux framboises (p. 102)

Temps de préparation : 20 min – Temps de cuisson : 35 min – Pour 4 personnes

26 noix de saint-jacques
16 rondelles de chorizo bellota d'une épaisseur de 2 ou 3 mm
4 carottes
70 g de beurre doux
2 cuil. à soupe d'huile d'olive
Sel, poivre du moulin

BROCHETTES DE SAINT-JACQUES AU CHORIZO BELLOTA,
PURÉE DE CAROTTES

Pelez les carottes et coupez-les en tronçons. Faites-les cuire 30 min à l'eau, jusqu'à ce qu'elles soient fondantes, puis égouttez-les.

Dans une petite poêle, faites chauffer 20 g de beurre, jusqu'à ce qu'il prenne une couleur noisette. Mixez les carottes avec le beurre noisette et les 50 g de beurre restants, jusqu'à ce que vous obteniez une purée lisse. Assaisonnez à votre goût. Gardez la purée au chaud au bain-marie.

Piquez les noix de saint-jacques sur des brochettes en les alternant avec les tranches de chorizo. Badigeonnez-les avec l'huile d'olive. Salez et poivrez.

Faites griller les brochettes, de préférence au barbecue, mais vous pouvez les cuire sur un gril en fonte ou à la poêle. Comptez environ 2 min de cuisson sur chaque face. Veillez à ne pas brûler le chorizo et à ce que les brochettes ne colorent pas trop.

Temps de préparation : 15 min – Temps de cuisson : 45 min – Pour 4 personnes

500 g de saumon, sans peau ni arêtes
40 g de pâtissons verts
40 g de pâtissons jaunes
2 carottes
Quelques oignons grelots
50 g de haricots verts
50 g de choux-fleurs
25 cl de fond blanc ou de bouillon de volaille
15 g de beurre
30 cl de crème liquide
4 cuil. à soupe de moutarde à l'ancienne
Huile d'olive
Sel, poivre blanc du moulin

BLANQUETTE DE SAUMON
À LA MOUTARDE À L'ANCIENNE

Coupez le saumon en cubes réguliers. Pelez les pâtissons, les carottes et les oignons. Coupez les carottes en petits tronçons. Équeutez les haricots verts. Faites cuire tous les légumes séparément à l'eau bouillante salée, jusqu'à ce qu'ils soient tendres. Poêlez-les ensemble avec le fond blanc et le beurre afin de les glacer (leur donner du brillant).

Dans une petite casserole, faites réduire la crème quelques minutes. Ajoutez la moutarde et mélangez.

Faites dorer le saumon à la poêle dans de l'huile d'olive. Salez et poivrez. Servez-le en cocotte avec les légumes et la sauce moutarde.

Temps de préparation : 30 min – Temps de cuisson : 45 min – Pour 4 personnes

Pour les daurades
4 daurades royales de 400 g chacune, les filets levés
Piment d'Espelette
Huile d'olive
Sel

Pour la purée de patates douces
1 kg de patates douces, pelées et coupées en cubes
150 g de beurre
10 cl de crème liquide
Sel

Pour le jus de crustacés
200 g de têtes de langoustines ou de petites langoustines (taille 20/30)
1 oignon blanc
1 branche de céleri
50 g de champignons de Paris
3 belles tomates
1 trait de Martini dry blanc
1 l de crème liquide
2 noix de beurre
Sel, poivre

Suggestion du chef

DAURADE ROYALE,
PURÉE DE PATATES DOUCES ET JUS DE CRUSTACÉS

Il s'agit de l'un des premiers plats que j'ai souhaité proposer à la carte du Chardenoux. La daurade royale est exceptionnelle et se marie parfaitement avec la douceur de la purée de patates douces et le jus de crustacés aux saveurs intenses.

Préparez le jus de crustacés : épluchez et émincez l'oignon. Nettoyez le céleri et les champignons, puis émincez-les. Coupez les tomates en morceaux. Dans une casserole, faites revenir les têtes de langoustines ou les langoustines entières dans le beurre, puis mettez-les de côté. Dans la même casserole, ajoutez l'oignon, le céleri et les champignons. Faites-les suer. Remettez les langoustines dans la casserole. Concassez-les avec une cuillère en bois. Ajoutez les tomates. Faites encore revenir le tout 3 min, puis déglacez avec le Martini. Ajoutez la crème et faites réduire 15 à 20 min. Mixez le tout et passez le mélange au chinois. Salez et poivrez à votre goût.

Pendant ce temps, faites cuire les cubes de patate douce à l'eau bouillante salée. Quand ils sont cuits, mixez-les en incorporant le beurre et la crème au fur et à mesure. Salez.

Préchauffez le four à 160 °C (th. 4-5). Salez les filets de daurade. Faites chauffer de l'huile d'olive dans une poêle. Faites-y dorer les filets 2 ou 3 min côté chair, puis côté peau. Posez-les dans un plat allant au four. Parsemez-les de piment d'Espelette, puis enfournez 5 min.

Choix du vin
Bandol blanc, domaine Tempier, 2009.

Idée menu
Ravioles de foie gras à l'oignon rouge (p. 34)
Daurade royale, purée de patates douces et jus de crustacés
Choux chantilly aux fraises (p. 106)

Temps de préparation : 20 min – Temps de cuisson : 30 min – Pour 4 personnes

800 g de queue de lotte
400 g de riz basmati
50 g de noix de coco râpée
1 oignon
3 gousses d'ail
1 petit morceau de gingembre frais
2 cuil. à soupe de curry en poudre
1 cuil. à soupe rase de garam masala
20 cl de lait de coco
30 cl de crème liquide
Beurre
Huile d'olive

CURRY DE LOTTE,
RIZ BASMATI

Mixez la noix de coco pour la transformer en poudre fine. Pelez l'oignon et coupez-le en morceaux. Pelez les gousses d'ail et le gingembre. Ajoutez l'oignon, l'ail et le gingembre dans le mixeur avec la poudre de noix de coco, puis mixez le tout pour obtenir une pâte (ajoutez un peu d'eau si nécessaire).

Faites revenir cette pâte à la poêle 5 min dans de l'huile d'olive, jusqu'à ce qu'elle ait bien réduit. Ajoutez le curry, le garam masala, le lait de coco et la crème. Remuez bien le tout et laissez réduire 20 min.

Pendant ce temps, faites cuire le riz suivant les instructions sur le paquet. Beurrez-le bien.

Coupez la queue de lotte en cubes. Faites-les revenir à la poêle dans de l'huile d'olive. Servez les cubes de lotte avec le riz à côté et arrosez-les de sauce.

Suggestion du chef

Vous pouvez servir ce curry avec des bâtonnets de pommes granny-smith et des copeaux de noix de coco fraîche.

Temps de préparation : 30 min – Temps de cuisson : 40 min – Pour 4 personnes

500 g de gambas
400 g de rigatonis ou d'autres pâtes creuses (si possible artisanales)
1 morceau de parmesan frais
Piment d'Espelette
Quelques petites feuilles de basilic (les sommités appelées hélicoptères de basilic)
Huile d'olive
Sel

Pour la sauce
Les têtes de gambas
1 oignon
1 carotte
1 bulbe de fenouil
2 branches de céleri
1 cuil. à soupe de concentré de tomates
2 cuil. à soupe de cognac
50 cl de crème liquide
1 botte de basilic
Huile d'olive
Sel

PÂTES ARTISANALES AUX GAMBAS,
PARMESAN ET BASILIC FRAIS

Décortiquez les gambas en laissant le dernier anneau et la queue. Gardez les têtes pour la sauce.

Préparez la sauce : pelez l'oignon, la carotte et le fenouil. Éliminez la base des branches de céleri, séparez les côtes, puis rincez-les. Émincez tous les légumes. Dans une sauteuse, faites revenir les têtes de gambas à l'huile d'olive, puis ajoutez le concentré de tomates. Écrasez-les et déglacez avec le cognac. Ajoutez les légumes et la crème, ainsi que 10 cl d'eau. Faites réduire de moitié. Ajoutez le basilic et laissez-le infuser quelques minutes. Passez la sauce au chinois. Salez à votre goût.

Faites cuire les pâtes *al dente* en suivant les instructions sur le paquet. Pendant ce temps, coupez le parmesan en copeaux à l'aide d'un couteau économe.

Dans une poêle, faites revenir les gambas à l'huile d'olive. Salez-les et saupoudrez-les de piment d'Espelette.

Égouttez les pâtes, posez les gambas dessus, puis arrosez-les de sauce. Parsemez-les de copeaux de parmesan et de petites feuilles de basilic.

Temps de préparation : 20 min – Temps de cuisson : 20 min – Pour 4 personnes

4 pavés de cabillaud de 250 g chacun
1,5 kg de petits pois frais en cosse
4 oignons nouveaux
4 tranches épaisses de lard paysan (environ 1 cm d'épaisseur chacune)
1 cuil. à soupe de vin blanc
1 cuil. à soupe de fond blanc ou de bouillon en cube (facultatif)
Piment d'Espelette
1 noix de beurre
Huile d'arachide
Sel

Suggestion du chef

COCOTTE DE CABILLAUD
AUX PETITS POIS FRAIS ET LARD PAYSAN

La terre et la mer du Pays basque se rejoignent dans ce plat léger et savoureux. J'utilise le lard paysan d'un petit producteur, Éric Ospital, qui est parfait pour sublimer les petits pois frais et le cabillaud.

Préchauffez le four à 180 °C (th. 6). Pelez et émincez les oignons. Écossez les petits pois. Plongez-les 3 min dans de l'eau bouillante pour les blanchir, puis laissez-les refroidir. Coupez les tranches de lard en quatre. Faites-les cuire en les colorant bien dans une poêle sans matière grasse.

Mettez les pavés de cabillaud dans un plat huilé allant au four. Salez-les et enfournez-les pour 5 ou 6 min de cuisson.

Dans quatre petites cocottes ou une grande, faites revenir les oignons dans le beurre. Ajoutez les petits pois, le vin blanc et 1 cuil. à soupe de fond blanc, de bouillon ou d'eau pour ne pas qu'ils accrochent.

Quand les petits pois sont chauds, posez les pavés de cabillaud par-dessus, puis les tranches de lard. Saupoudrez de piment d'Espelette.

Suggestion du chef
Vous pouvez ajouter un trait de jus de veau avant de servir.

Choix du vin
Patrimonio blanc, domaine Gentile, 2009.

Idée menu
Poêlée de chipirons au piment d'Espelette, piperade (p. 44)
Cocotte de cabillaud aux petits pois frais et lard paysan
Profiteroles à la vanille, sauce chocolat (p. 100)

STAUB

Berkel
1898

hardenoux

DESSERTS

Temps de préparation : 30 min – Temps de cuisson : 55 min – Pour 4 personnes

De la glace vanille

Pour la pâte à choux
1 pincée de sel
1 cuil. à café de sucre en poudre
45 g de beurre
8 g de lait en poudre
60 g de farine
2 œufs

Pour la sauce chocolat
125 g de chocolat noir d'une teneur en cacao de 70 %
10 cl de lait
25 g de sucre en poudre

PROFITEROLES À LA VANILLE, SAUCE CHOCOLAT

Préparez la pâte à choux : versez 10 cl d'eau, le sel, le sucre et le beurre coupé en morceaux dans une casserole, puis portez à ébullition. Hors du feu, ajoutez le lait en poudre et mélangez au fouet. Ajoutez la farine en une seule fois. Remettez sur le feu et mélangez afin de dessécher la pâte pendant 5 min. Hors du feu, laisser tiédir la pâte, puis ajoutez les œufs un à un, tout en continuant de remuer.

Préchauffez le four à 170 °C (th. 5-6). À l'aide d'une poche à douille ou avec une cuillère trempée dans l'eau, faites des boules de pâte à choux sur une plaque à pâtisserie. Enfournez-les pendant 45 min. Entrouvrez la porte du four 20 min avant la fin de la cuisson. Laissez ainsi refroidir les choux.

Préparez la sauce chocolat : faites fondre le chocolat au bain-marie. Versez le lait dans une casserole et mettez-le à chauffer. Dans une autre casserole, faites fondre le sucre, jusqu'à ce qu'il prenne une couleur caramel. Versez le lait chaud dans le caramel et remuez la casserole pour mélanger. Versez le caramel au lait sur le chocolat fondu. Emulsionnez avec un mixeur plongeant.

Coupez le haut des choux. Garnissez-les de glace vanille. Posez le chapeau des choux par-dessus. Disposez-les sur des assiettes de service et arrosez-les de sauce chocolat.

Suggestion du chef

Vous pouvez également présenter la sauce chocolat à part et laisser vos convives y tremper les choux avant de les déguster.

Temps de préparation : 10 min – Temps de cuisson : 10 min – Pour 4 personnes

Quelques brins de menthe
500 g de framboises
1 citron
2 cuil. à soupe de sucre semoule
1 brioche
3 œufs
25 cl de lait
6 gouttes d'extrait de vanille
20 g de beurre
Sucre glace

PAIN PERDU AUX FRAMBOISES

Ciselez quelques feuilles de menthe et gardez 4 petites têtes pour la décoration. Gardez aussi environ 100 g de belles framboises pour la décoration.

Pressez le citron. Dans un saladier, mélangez 400 g de framboises, le jus de citron, la menthe ciselée et 1 cuil. à soupe de sucre semoule. Coupez 8 tranches épaisses de brioche.

Dans un autre saladier, mélangez 1 œuf entier et 2 jaunes. Ajoutez la cuillerée à soupe de sucre restante et le lait. Mélangez à nouveau. Ajoutez l'extrait de vanille à l'aide de la pointe d'un couteau et mélangez à nouveau.

Faites tremper les tranches de brioche une par une dans le mélange aux œufs. Laissez-les s'imbiber, retournez-les et renouvelez l'opération.

Dans une poêle, faites chauffer le beurre. Posez-y les tranches de brioche, arrosez-les de beurre et laissez-les dorer 3 min de chaque côté. Faites l'opération en plusieurs fois si nécessaire. Posez les tranches de brioche grillées sur des assiettes de service.

Dans la même poêle, versez les framboises marinées. Laissez-les compoter 1 min hors du feu. Ajoutez les framboises cuites sur les brioches et nappez-les du jus de cuisson. Décorez d'une tête de menthe et de framboises entières. Enfin, saupoudrez-les de sucre glace.

Suggestion du chef

Vous pouvez aussi éventuellement accompagner ce pain perdu d'un sorbet à la framboise.

Temps de préparation : 30 min – Temps de cuisson : 30 min – Pour 4 personnes

Pour la crème pâtissière
1 jaune d'œuf
16 g de sucre en poudre
6 g de farine
8 cl de lait
16 g de beurre

Pour la pâte à choux
10 cl de lait
4 g de sel
10 g de sucre en poudre
110 g de beurre
110 g de farine
3 œufs
50 g d'amandes hachées

Pour la crème pralinée
95 g de beurre
40 g de praliné
120 g de crème pâtissière froide
(voir ingrédients ci-contre)

Pour la finition
Sucre glace

PARIS-BREST

Préparez la crème pâtissière à l'avance : mélangez au fouet le jaune d'œuf avec le sucre, jusqu'à ce que le mélange blanchisse. Ajoutez la farine et fouettez pour que ce soit bien homogène. Dans une casserole, mettez le lait à chauffer. Lorsqu'il est tiède, versez le mélange précédent dedans. Mélangez au fouet jusqu'à ébullition. Quand la crème devient épaisse, stoppez la cuisson. Ajoutez le beurre et mélangez de nouveau. Laissez bien refroidir.

Préparez la pâte à choux : versez le lait, 10 cl d'eau, le sel, le sucre et le beurre coupé en morceaux dans une casserole, puis portez à ébullition. Hors du feu, ajoutez la farine en une seule fois. Remettez sur le feu et mélangez bien afin de dessécher la pâte. Elle est prête quand elle se détache de la paroi. Hors du feu, incorporez les œufs un à un, tout en continuant de remuer.

Préchauffez le four à 200 °C (th. 6-7). Introduisez la pâte à choux dans une poche à douille munie d'une douille lisse de 10 mm. Faites 4 cercles de 6 cm de diamètre sur une feuille de papier sulfurisé posée sur une plaque à pâtisserie. Parsemez ces disques d'amandes hachées. Enfournez pendant 15 min. À la sortie du four, déposez les cercles sur une grille.

Préparez la crème pralinée : travaillez le beurre en pommade et ajoutez le praliné. Incorporez ensuite la crème pâtissière en plusieurs fois. Introduisez cette crème dans une poche à douille munie d'une douille cannelée de 8 mm. Coupez les cercles de pâte à choux en deux dans la hauteur. Garnissez-les de crème pralinée.

Une fois les Paris-Brest montés, saupoudrez-les d'un peu de sucre glace.

Temps de préparation : 30 min – Temps de cuisson : 45 min – Pour 4 personnes

400 g de fraises gariguette

Pour la pâte à choux
1 pincée de sel
1 cuil. à café de sucre en poudre
45 g de beurre
8 g de lait en poudre
60 g de farine
2 œufs

Pour la crème Chantilly
40 cl de crème liquide (à fouetter)
1 gousse de vanille
25 g de sucre en poudre

CHOUX CHANTILLY AUX FRAISES

La crème liquide à fouetter doit être bien froide avant la préparation de la recette. Pour mieux la monter, versez-la dans un récipient que vous aurez mis au congélateur 1 h à l'avance.

Préparez la pâte à choux : versez 10 cl d'eau, le sel, le sucre et le beurre coupé en morceaux dans une casserole, puis portez à ébullition. Hors du feu, ajoutez le lait en poudre et mélangez au fouet. Ajoutez la farine en une seule fois. Remettez sur le feu et mélangez afin de dessécher la pâte pendant 5 min. Hors du feu, laisser tiédir la pâte et ajoutez les œufs un à un, tout en continuant de remuer.

Préchauffez le four à 170 °C (th. 5-6). À l'aide d'une poche à douille ou avec une cuillère trempée dans l'eau, faites des boules de pâte à choux sur une plaque à pâtisserie. Enfournez-les pendant 45 min. Entrouvrez la porte du four 20 min avant la fin de la cuisson. Laissez refroidir les choux.

Préparez la chantilly : fendez la gousse de vanille dans la longueur et récupérez les graines noires à l'intérieur. Sortez la crème du congélateur et ajoutez les graines de vanille. Fouettez-la avec un batteur électrique, jusqu'à ce qu'elle soit mousseuse et légère. Ajoutez le sucre et fouettez rapidement pour l'incorporer.

Coupez le haut des choux et garnissez les choux de crème. Posez le chapeau des choux par-dessus. Équeutez les fraises. Coupez les fraises pour décorer les assiettes.

Temps de préparation : 30 min – Temps de repos : 30 min – Temps de cuisson : 35 min – Pour 6 personnes

Pour la pâte
100 g de farine
60 g de sucre glace
20 g de poudre d'amandes
75 g de beurre
1 pincée de sel
1 jaune d'œuf

Pour la crème au citron
2 œufs
110 g de sucre semoule
15 g de zestes de citron
9 cl de jus de citron
1 g de gélatine (½ feuille)
170 g de beurre mou

Pour la meringue
3 blancs d'œufs
1 pincée de sel
150 g de sucre glace

TARTE MERINGUÉE AU CITRON

Préchauffez le four à 180 °C (th. 6). Préparez la pâte : mélangez la farine, le sucre glace, la poudre d'amandes, le beurre coupé en morceaux et le sel dans le bol d'un robot. Mixez rapidement. Ajoutez le jaune d'œuf et mixez en plusieurs coups rapides.

Étalez la pâte en forme de disque de la taille du moule à tarte, entre deux feuilles de papier sulfurisé. Mettez la pâte 30 min au frais. Disposez-la dans le moule. Piquez-la à la fourchette et faites-la cuire 10 à 15 min, jusqu'à ce qu'elle soit bien dorée. Laissez-la refroidir.

Préparez la crème au citron : dans une casserole, mélangez les œufs, le sucre semoule avec les zestes et le jus de citron. Portez à ébullition et passez au chinois. Laissez tiédir avant d'ajouter la gélatine, puis ajoutez le beurre mou. Mixez le tout généreusement, avec un mixeur plongeant, de façon à obtenir une texture crémeuse. Étalez la crème sur le fond de tarte.

Préparez la meringue : préchauffez le four à 220 °C (th. 7). Montez les blancs en neige avec le sel. Ajoutez le sucre glace en trois fois, en fouettant rapidement. Vous pouvez étaler la meringue sur la tarte à la cuillère ou la mettre dans une poche avec une douille lisse et la disposer en spirale. Enfournez la tarte pendant 8 min.

Temps de préparation : 20 min – Temps de cuisson : 10 min – Temps de repos : 12 h – Pour 4 personnes

120 g de chocolat noir d'une teneur en cacao de 70 %
3 jaunes d'œufs
30 g de sucre en poudre
15 cl de lait entier
15 cl de crème liquide
8 cigarettes russes
De la pâte pralinée

PETITS POTS AU CHOCOLAT, CIGARETTES CROUSTILLANTES AU PRALINÉ

Hachez finement le chocolat. Fouettez les jaunes d'œufs avec le sucre, jusqu'à ce que le mélange blanchisse.

Dans une casserole, versez le lait et la crème, puis portez à ébullition. Renversez sur les jaunes d'œufs sucrés, tout en fouettant. Remettez ce mélange sur le feu et remuez avec une cuillère en bois, jusqu'à obtenir une crème anglaise.

Versez le chocolat haché dans la crème et remuez jusqu'à ce qu'il fonde et soit bien incorporé. Répartissez ce mélange dans des petits pots et placez-les 12 h au réfrigérateur.

Au moment de servir, farcissez les cigarettes russes avec la pâte pralinée (à l'aide d'une poche à douille ou d'un sac de congélation dont vous aurez coupé le coin). Servez-les avec les pots de crème au chocolat.

TABLE DES RECETTES

Retrouvez en gras les suggestions du chef

TABLE DES MATIÈRES

REMERCIEMENTS

Ma reconnaissance va à toutes celles et ceux - cuisiniers, serveurs, sommeliers,
clients qui me permettent chaque jour de faire de ce bistrot, un lieu convivial et chaleureux.

Je tiens tout particulièrement à remercier nos fournisseurs qui nous permettent de travailler
des produits de qualité, sans qui nous ne serions pas grand chose.

Merci aussi au photographe, Thomas Dhellemmes pour ses belles images.
Il a su décrypter ma vison de la cuisine, sincère et authentique.

Romain, Chef de cuisine

Grégory, Sommelier

Marie-Laure,
La Maîtresse de maison

Céline, Chef de rang

Tiago, Directeur

Aude, Chef exécutif

Antoine, Chef de rang

Grégoire, plongeur

Rémy, Chef de rang

Le Chardenoux
Restaurant de tradition
Ouvert tous les jours
Service voiturier
1, rue Jules Vallès - 75011 Paris
Téléphone : 01 43 71 49 52 - Fax : 01 43 71 80 89

Crédits photos

Couteaux Forge de Laguiole : www.forge-de-laguiole.com
Couverts Sambonet : www.sambonet.it
AssiettesRoyal Limoges : www.royal-limoges.fr
CocottesStaub : www.staub.fr
Machine à jambon Berkel : www.berkelbiz.com

Photographie d'Aude p.121 : © Greg Soussan

L'éditeur remercie chaleureusement les clients et le personnel du Chardenoux qui se sont prêtés au jeu des photos.

Restaurant Le Chardenoux :
1, rue Jules-Vallès
75011 Paris
Tél : 01 43 71 49 52
www.restaurantlechardenoux.com

Pour l'éditeur, le principe est d'utiliser des papiers composés de fibres naturelles, renouvelables, recyclables et fabriquées à partir de bois issus de forêts qui adoptent un système d'aménagement durable. En outre, l'éditeur attend de ses fournisseurs de papier qu'ils s'inscrivent dans une démarche de certification environnementale reconnue.

Direction : Jean-François Moruzzi et Pierre-Jean Furet
Responsable éditoriale : Brigitte Éveno
Collaboration rédactionnelle : Nicole Seeman
Conception graphique : lot49 | Mateo Baronnet
Préparation de copie et corrections : Nelly Mégret
Fabrication : Amélie Latsch

L'éditeur remercie Marine Schoeser pour son aide précieuse.

Dépôt légal : IX-2023
77-0297-6
978-2-01-724004-4
Imprimé en Espagne par Graficas Estella.

PAPIER À BASE DE FIBRES CERTIFIÉES

hachette PRATIQUE s'engage pour l'environnement en réduisant l'empreinte carbone de ses livres. Celle de cet exemplaire est de :
1,450 kg éq. CO_2
Rendez-vous sur www.hachette-durable.fr